Cornelia Kubinski

Ansätze und Methoden zur Segmentierung von Internetnutzern: Kriterien, Verbreitung, Anwendbarkeit

D1728964

GRIN - Verlag für akademische Texte

Der GRIN Verlag mit Sitz in München hat sich seit der Gründung im Jahr 1998 auf die Veröffentlichung akademischer Texte spezialisiert.

Die Verlagswebseite www.grin.com ist für Studenten, Hochschullehrer und andere Akademiker die ideale Plattform, ihre Fachtexte, Studienarbeiten, Abschlussarbeiten oder Dissertationen einem breiten Publikum zu präsentieren.

Cornelia Kubinski

Ansätze und Methoden zur Segmentierung von Internetnutzern: Kriterien, Verbreitung, Anwendbarkeit

GRIN Verlag

Bibliografische Information der Deutschen Nationalbibliothek: Die Deutsche
Bibliothek verzeichnet diese Publikation in der Deutschen Nationalbibliografie;
detaillierte bibliografische Daten sind im Internet über http://dnb.d-nb.de/
abrufbar.

1. Auflage 2009
Copyright © 2009 GRIN Verlag
http://www.grin.com/
Druck und Bindung: Books on Demand GmbH, Norderstedt Germany
ISBN 978-3-640-56029-5

Seminararbeit

Hauptseminar:

Internet-Marktforschung und –Marketing

Thema:

Ansätze und Methoden zur Segmentierung von Internetnutzern: Kriterien, Verbreitung, Anwendbarkeit

Lehrstuhl für Marktorientierte Unternehmensführung

der Technischen Universität Dresden

Name: Cornelia Kubinski

Studiengang: Betriebswirtschaftslehre

Abgabedatum: 11.06.2009

Inhaltsverzeichnis

	Seite
Inhaltsverzeichnis	I
Abkürzungsverzeichnis	II
Abbildungsverzeichnis	III

1	**Bedeutung der Segmentierung im Internetbereich**	**1**
2	**Segmentierungsansätze zur Bildung homogener Kundengruppen im Internet**	**2**
2.1	Besonderheiten elektronischer Märkte	2
2.2	Konventionelle Ansätze der Kundensegmentierung und ihre Übertragbarkeit auf das E-Business	3
2.2.1	Soziodemografische Segmentierung	4
2.2.2	Psychografische Segmentierung	5
2.2.3	Verhaltensorientierte Segmentierung	11
2.2.4	Nutzenorientierte Segmentierung	12
3	**Segmentierung der Internetnutzer im E-Commerce-Sektor**	**14**
3.1	E-Commerce als starker Wirtschaftszweig im Internet	14
3.2	Segmentierung von E-Consumern	16
4	**Handlungsempfehlungen zur Kundensegmentierung**	**23**
5	**Literaturverzeichnis**	**28**

Abkürzungsverzeichnis

AGOF	Arbeitsgemeinschaft Online-Forschung
B2B	Business to Business
B2C	Business to Customer
E	Electronic
FAZ	Frankfurter Allgemeine Zeitung
GfK	Gesellschaft für Konsumforschung
o. S.	ohne Seite
o. V.	ohne Verfasser

Abbildungsverzeichnis

		Seite
Abb. 1:	Eigenschaften eines klassischen Internetnutzers	5
Abb. 2:	Sinus-Milieus	7
Abb. 3:	Euro Socio-Styles	8
Abb. 4:	Medienmentalitäten der Internetnutzer	9
Abb. 5:	Medienmentalitäten in den Sinus-Milieus	10
Abb. 6:	Vergleich der Segmentierungsmethoden, allgemein	13
Abb. 7:	Vergleich der Segmentierungsmethoden, internetbezogen	14
Abb. 8:	Eigenschaften eines klassischen E-Consumers	16
Abb. 9:	Nutzergruppen und deren Anteil am E-Commerce-Umsatz	17
Abb. 10:	Kategorien von Internet-Shoppern	19
Abb. 11:	Kategorien von Internet-Shoppern und Nicht-Shoppern	21
Abb. 12:	Vorgehen bei einer Clusteranalyse	27

1   Bedeutung der Segmentierung im Internetbereich

Die stetig steigende Zahl der Internetnutzer macht das Medium Internet zu einem attraktiven Distributionskanal für Unternehmen und interessanten Forschungszweig für das Marketing. Während Ende 2000 bzw. Anfang 2001 nur 46% der Bevölkerung über 14 Jahre das Internet, zumindest gelegentlich, nutzten, so waren es 2008 schon 66% der Bevölkerung über 14 Jahre (vgl. Auftraggebergemeinschaft GfK Online-Monitor 2001, o. S.; AGOF 2009, S. 5). U. a. aufgrund der immer größeren Möglichkeiten hinsichtlich Information und Kommunikation, die das Internet bietet, ist eine weitere Steigerung der Zahl der Internetnutzer abzusehen.

Die Chance, regelmäßig zwei Drittel der Bevölkerung über denselben Kanal zu erreichen, ist eine großartige Möglichkeit für Anbieter, ihre Produkte und Dienstleistungen einer Vielzahl potenzieller Konsumenten vorzustellen. Doch gerade durch diese Chance wird der Online-Markt immer wettbewerbsintensiver, sodass für den langfristigen Erfolg eines Unternehmens die zielgruppengenaue Ansprache von enormer Bedeutung ist. Durch eine wahre „Werbeflut" verschiedener Anbieter und zahlreiche Substitute steht das Unternehmen vor der Herausforderung, die Aufmerksamkeit der Kunden auf die eigenen Produkte bzw. Dienstleistungen zu lenken. Nicht jeder Internetnutzer reagiert gleichermaßen auf den gewählten Marketingmix der Unternehmen. Um die Kundenerwartungen bestmöglich, v. a. aber besser als die Wettbewerber zu erfüllen, so nahe wie möglich an den Kunden herantreten zu können und sich durch die Wahl einer bestimmten Positionierung strategisch von den Wettbewerbern zu differenzieren, ist eine Segmentierung der Kunden in möglichst homogene Cluster unumgänglich. Die dadurch entstehenden Segmente mit Kunden, die ähnliche Ausprägungen bestimmter Segmentierungskriterien aufweisen, können nun mit einem auf ihre Anforderungen und Bedürfnisse zugeschnittenen Marketingprogramm angesprochen werden.

Die Anwendung der Kundensegmentierung birgt durch die ermöglichte genaue Marktbearbeitung eine Reihe von Vorteilen. Die Unternehmen können u. a. vorhandene Potenziale des Marktes besser ausschöpfen und besonders der wachsende Internetmarkt birgt sehr hohe Potenziale. Weiterhin können Kunden besser gebunden werden, wenn man ihnen das Gefühl einer individuellen Behandlung schenkt, indem man ihnen beispielsweise Angebote unterbreitet, die auf ihre Zielgruppe zugeschnitten sind, als wenn sie wahllos angesprochen werden (vgl. Ziemen/ Böcker 2004, S. 4). Zudem ist die

Erhöhung des Deckungsbeitrages pro Kunde u. a. durch den möglichen Verkauf höherwertiger und damit teurerer Produkte, das so genannte Up Selling, möglich, denn wenn Kunden für bestimmte Produkte Präferenzen aufweisen, so ist ihre Zahlungsbereitschaft häufig höher. Ähnlich verhält es sich mit Cross Selling. Dabei ist der Verkauf zusätzlicher Produkte und Dienstleistungen durch die Kenntnis der Kundeninteressen möglich. Zuletzt kann der Deckungsbeitrag pro Kunde auch dadurch erhöht werden, dass Unternehmen die verringerte Preissensibilität von Kunden durch erhöhte Preise nutzen können (vgl. Grootenhuis 2003, S. 18).

In **Kapitel 2** sollen nun die Besonderheiten elektronischer Märkte vorgestellt und daraufhin allgemeine und internetspezifische Möglichkeiten der Segmentierung gezeigt werden. Anschließend wird E-Commerce als wichtiger Absatzkanal vorgestellt und Methoden zur Segmentierung von Internetnutzern unterbreitet (**Kapitel 3**). Zuletzt sollen in **Kapitel 4** Handlungsempfehlungen zur Segmentierung von Kunden und ein Resümee der Arbeit gegeben werden.

2 Segmentierungsansätze zur Bildung homogener Kundengruppen im Internet

2.1 Besonderheiten elektronischer Märkte

Auf elektronischen Märkten herrschen teilweise andere Bedingungen als auf traditionellen Märkten, die eine Anpassung der traditionellen Methoden erfordern. Zum einen erfolgt der Informationsaustausch der Marktteilnehmer über Netzwerke, auch als „Many-to-Many-Kommunikation" bezeichnet. Dabei kommunizieren nicht nur die Unternehmen mit den Konsumenten, sondern auch die Konsumenten untereinander. Diese Möglichkeit bietet den Unternehmen zwar die Möglichkeit einer schnellen Bekanntheitssteigerung, v. a. wenn es ihnen gelingt, die Pilotkunden anzusprechen, sie zwingt sie aber auch dazu, Kunden möglichst vor den Wettbewerbern für sich zu gewinnen, um am Markt bestehen zu können.

Zum anderen ändert sich das Wettbewerbsumfeld ständig, brachenintern wie auch branchenübergreifend. Aggressive Wettbewerber haben dadurch die Chance,

schnell in den Markt einzudringen. Für Branchenführer ist es schwierig, ihre Position dauerhaft zu halten. Diese Bedingungen können auch als „Hypercompetition" bezeichnet werden (vgl. Walgenbach 2007, S. 4). Möglichkeiten, der Kundenabwanderung vorzubeugen bzw. entgegenzuwirken bestehen darin, die Kunden mit individuellen Angeboten regelmäßig vom eigenen Unternehmen zu überzeugen. Ob ein Unternehmen die Pilotkunden herausfiltern oder individuelle Angebote erstellen möchte, für alle Aktivitäten ist eine Segmentierung der Kunden notwendig (vgl. Bauer et al. 2008, S. 61ff.).

2.2 Konventionelle Ansätze der Kundensegmentierung und ihre Übertragbarkeit auf das E-Business

Zur klaren Abgrenzung von Marktsegmenten ist die Auswahl geeigneter Segmentierungskriterien ein wichtiger Aspekt. Diese Kriterien müssen eine möglichst trennscharfe Abgrenzung, genaue Beschreibung und zielgerichtete Bearbeitung der Segmente ermöglichen. Weiterhin müssen sie zeitlich stabil, messbar und relevant zur Prognose des Kaufverhaltens sein (vgl. Ziemen/ Böcker 2004, S. 4f.). Besonders die Messbarkeit ist im Internetbereich häufig schwierig, da nur bestimmte Nutzerdaten über die IP-Adresse oder aktive Eingabe bei Bestellungen o. Ä. von Nutzern an Unternehmen übertragen werden.

Einige Segmentierungsansätze wurden in den vergangenen Jahren und Jahrzehnten sehr häufig zur Kundengruppenbildung am Markt genutzt. Dazu zählen u. a. die soziodemografische, die psychografische, die verhaltensorientierte und die nutzenorientierte Segmentierung, wobei die soziodemografische und die psychografische Segmentierung der Verhaltensprognose, die verhaltensorientierte Segmentierung der unmittelbaren Verhaltensbeobachtung dienen (vgl. Müller/ Gelbrich 2004, S. 538). Die nutzenorientierte Segmentierung lässt sich nicht klar zu einer dieser beiden Gruppen zuordnen. Im Folgenden werden diese Ansätze nun beschrieben und verglichen (vgl. Abb. 6, 7).

2.1.1 Soziodemografische Segmentierung

These 1:	Wenn Internetnutzer nach sozidemografischen Kriterien segmentiert werden, dann ergeben sich individuell ansprechbare Segmente.

Die soziodemografische Segmentierung stellt die einfachste Form der Marktsegmentierung dar, da die dafür benötigten sozioökonomischen bzw. demografischen Daten i. A. relativ unproblematisch zu messen und die notwendigen Informationen meist gut verfügbar sind. Aufgrund dieser Vorteile ist sie in der Marketingpraxis sehr weit verbreitet.

Beispiele für sozioökonomische Segmentierungsvariablen sind das Einkommen, der Bildungsgrad, der soziale Status und der Beruf. Demographische Kriterien sind u. a. das Geschlecht, das Alter, der Familienstand oder auch der Wohnort. Häufig werden mehrere Variablen nebeneinander genutzt, da es für eine spätere Zielgruppenansprache oftmals nicht ausreicht, die Segmente nach nur einem Kriterium zu bilden.

Durch das veränderte Kaufverhalten der Konsumenten, hin zur Form des „hybriden Konsumenten", der je nach Anlass und Produkt bzw. Dienstleistung mal teuer, mal preiswert und mal billig kauft, hat die soziodemografische, insbesondere die einkommensbezogene Segmentierung an Aussagekraft verloren. Aufgrund dieses Nachteils wird die Methode fast nur noch in Kombination mit anderen Kriterien genutzt (vgl. Ziemen/ Böcker 2004, S. 5; Homburg/ Krohmer 2006, S. 132f.).

Wie bei allgemeinen soziodemografischen Segmentierungen, so ist auch im Internet bei dieser Form der Kundengruppenbildung die Datenverfügbarkeit, zumindest bezogen auf die Gesamtheit der Internetnutzer, ein großer Vorteil. Die Bestimmung der jeweiligen Soziodemografika für einzelne Nutzer ist auch möglich. Dazu benötigt das erhebende Unternehmen jedoch meist Angaben des Internetnutzers, da nur wenige Daten aus der IP-Adresse gelesen werden können. Aufgrund von Sicherheits- und Datenschutzbedenken, gestaltet sich die vollständige Erhebung dieser Daten jedoch häufig schwierig, sodass eine kundengruppenspezifische Ansprache durch Zusammenfassung von Kunden mit ähnlichen soziodemografischen Angaben nur schwer möglich ist (vgl. Statistisches Bundesamt 2007, S. 34).

Eine Reihe von Erhebungen, u. a. der regelmäßig erschienene „Online-Monitor" der GfK oder auch die immer wieder aktualisierten „internet facts" der AGOF, liefert

Daten über Segmentierungskriterien wie Geschlecht, Alter, Bildungsgrad, Einkommen u. v. a. von Internetnutzern in Deutschland (vgl. AGOF 2009, S. 5ff.; Auftraggebergemeinschaft GfK Online-Monitor 2001, o. S.). So kann ein Bild des klassischen Internetnutzers gebildet werden (vgl. Abb. 1).

Abb. 1: Eigenschaften eines klassischen Internetnutzers

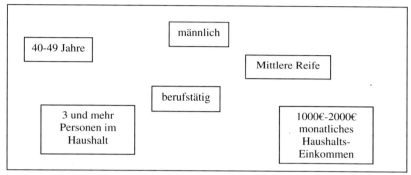

Quelle: eigene Darstellung (vgl. AGOF 2009, S. 7f.)

Zur optimalen Kundenansprache im Internet sind Daten zu bspw. Alter und Bildung jedoch nicht ausreichend, da daraus kaum allgemeingültige Aufschlüsse bezüglich des Verhaltens im Internet gewonnen werden können, denn das Verhalten hängt aufgrund der Individualität der Menschen von einer Vielzahl von Kriterien ab, die nur zu einem kleinen Teil durch soziodemografische Angaben gedeckt werden. Es sollten deshalb weitere, z. B. psychografische oder verhaltensbezogene Kriterien hinzugenommen werden, um die das Verhalten steuernden Einstellungen und Verhalten der Individuen mit einzubeziehen.

2.1.2 Psychografische Segmentierung

These 2:	Wenn Internetnutzer nach psychografischen Kriterien segmentiert werden, dann ergeben sich individuell ansprechbare Segmente.

Bei der psychografischen Segmentierung erfolgt die Bildung homogener Gruppen auf Basis allgemeiner Persönlichkeitsmerkmale, wie z. B. Risikoneigung,

Lebensgewohnheiten, Einstellungen, u. a. gegenüber bestimmten Produkten bzw. Produktkategorien, Werten und anderen rein qualitativen Merkmalen. Diese Kriterien sind nicht direkt beobachtbar, damit häufig auch schwer mess- oder schätzbar, beeinflussen das Kaufverhalten aber nachhaltig. Die Relevanz der Kriterien für die Prognose des Kaufverhaltens ist noch nicht eindeutig nachgewiesen, jedoch bestehen Beziehungen zwischen den einzelnen Merkmalen und dem Kaufverhalten (vgl. Ziemen/ Böcker 2004, S. 5).

Die in Europa bekanntesten Anwendungen dieser Form der Segmentierung liefern die Sinus-Milieus und die Euro Styles bzw. Euro Socio-Styles (vgl. Müller/ Gelbrich 2004, S. 533). Die Sinus-Milieus bilden sich durch die Gegenüberstellung der sozialen Lage und der Grundorientierung der deutschen Bevölkerung in einer zweidimensionalen Grafik heraus (vgl. Abb. 2). Dadurch lassen sich letztlich zehn Sinus-Milieus voneinander unterscheiden, durch die Konsumenten voneinander abgegrenzt werden können.

Die in Deutschland am häufigsten vertretenen Milieus sind die so genannten Traditionsverwurzelten (14%), welche aus der Unterschicht bzw. der unteren bis mittleren Mittelschicht stammen, d. h. also über geringe bis mittlere Bildung und Einkommen verfügen, und traditionelle Werte wie Ordnung und Pflichterfüllung schätzen. Des Weiteren bildet die so genannte Bürgerliche Mitte ein relativ großes Milieu (15%). Diese verfügt über ein durchschnittliches Einkommen und einen mittleren Bildungsgrad und strebt nach Modernisierung durch z. B. Individualisierung und Selbstverwirklichung (vgl. Sinus Sociovision 2007, o. S.).

Die Einbeziehung der sozioökonomischen Kriterien in die psychografische Segmentierung nach der Grundorientierung der Bevölkerung ergibt eine umfassende Beschreibung und gute Abgrenzung der Kundengruppen. Dies ermöglicht eine effiziente und effektive Marktbearbeitung.

Abb. 2: Sinus-Milieus

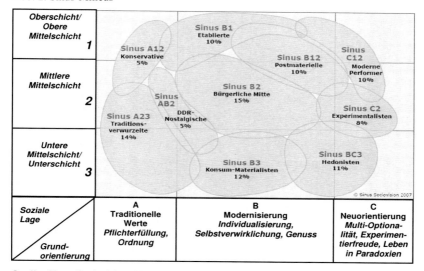

Quelle: Sinus Sociovision 2007, o. S.

Die Euro Styles basieren auf der Befragung von 24.000 Erwachsenen in 15 europäischen Ländern bezüglich ihrer Einstellungen, Motive, Stimmungen und Gefühle gegenüber verschiedenen Lebensbereichen. Die Ergebnisse können in einer dreidimensionalen Darstellung mit der Unterscheidung nach der Tendenz zu Bewegung oder Beharrung, Gütern oder Werten und „emotionalem vs. spontanem" oder „berechnendem vs. rationalem" Handeln abgebildet werden. Dabei ergeben sich 16 Euro Styles wie z. B. die europaweit größte Gruppe (13,5%) – die „Rocker" – welche sich durch harte Arbeit und ein hohes Einkommen sozial integrieren möchten oder auch die deutschlandweit größte Gruppe (14,8%) – die „Gut-Bürgerlichen" – welche die ruhigen, religiösen, familienorientierten Menschen vereinen. Durch die Abgrenzung und genaue Charakterisierung der Gruppen können Implikationen für die Kommunikation mit den einzelnen Segmenten gewonnen werden (vgl. Müller/ Gelbrich 2004, S. 533ff.).

Eine Weiterentwicklung der Euro Styles liefert die Studie der GfK zu den Euro Socio-Styles. Dabei gelangte das Institut zu einer vereinfachten Darstellung mit nur noch zwei Dimensionen: Illusion oder Wirklichkeit und Veränderung oder Beständigkeit, woraus sich acht Euro Socio-Styles-Typen bilden lassen (vgl. Abb. 3). Durch die Integration in vielen Verbraucherpanels der GfK ist es inzwischen möglich, dass Hersteller ermitteln können, welche Konsumenten-Typen in Europa ihre Produkte

und welche die Konkurrenzprodukte kaufen werden und damit auch an Informationen zu ihrer Positionierung und Positionierungslücken gelangen können (vgl. Müller/ Gelbrich 2004, S. 535ff.).

Abb. 3: Euro Socio-Styles

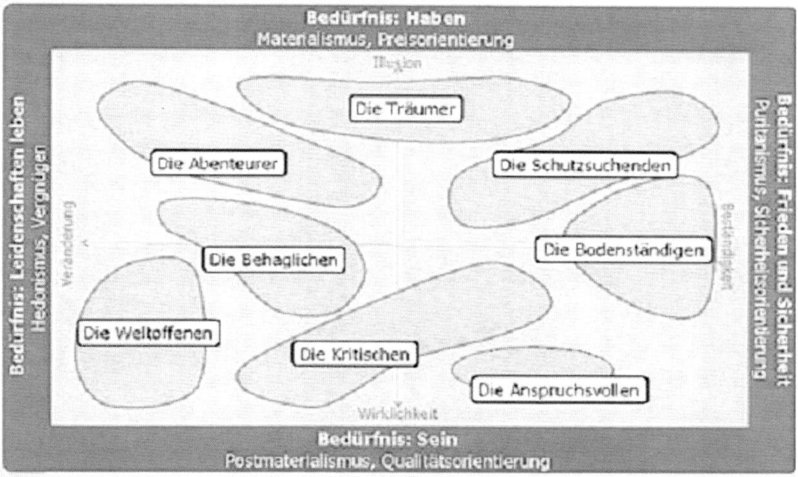

Quelle: W&V Media 2009 (geändert durch den Verfasser)

Vorteilhaft bei einer psychografischen Segmentierung ist v. a. die hohe Relevanz der Kriterien für das (Kauf-)Verhalten. Grundsätzlich ist die Relevanz jedoch auch vom Involvement bezüglich bestimmter Handlungen abhängig. Bei Handlungen mit hohem Involvement, z. B. dem Autokauf, ist die Segmentierung nach dem Lebensstil verhaltensrelevanter als bei Produkten mit einem nur geringen Involvement, wie z. B. Schuhcreme. Ein großer Nachteil der psychografischen Segmentierung besteht aber auch in dem sehr hohen Aufwand zur Erarbeitung der Segmente (vgl. Homburg/ Krohmer 2006, S. 133).

Eine Möglichkeit der psychografischen Segmentierung im E-Business bietet die Anwendung der Sinus-Milieus auf den Internetbereich. Die Studie von Stern und Sinus Sociovision, auf Basis von Interviews mit 10.000 deutschsprachigen 14- bis 64-Jährigen, zeigt sechs Medienmentalitäten aus denen Aufschluss über die Nutzungsgewohnheiten der Internetnutzer gewonnen werden kann (vgl. Abb. 4).

Abb. 4: Medienmentalitäten der Internetnutzer

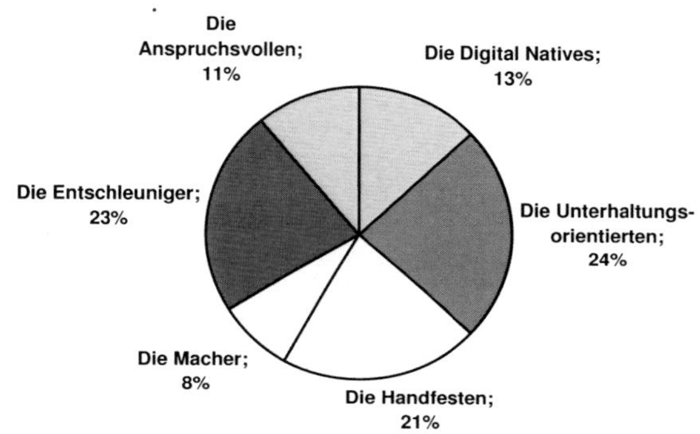

Quelle: eigene Darstellung (vgl. o. V. 2009, o. S.)

Die „Digital Natives" und „Die Macher" sind dabei diejenigen, die die Entwicklung im Internet vorantreiben, da diese beiden Gruppen eine hohe Kaufkraft aufweisen und sich für viele der Internetanwendungen begeistern können. Sie sollten deshalb als Pilotkunden behandelt werden, d. h. sie sollten derart angesprochen werden, dass es über sie möglich wird auch andere Kunden zu erreichen. „Die Unterhaltungsorientierten" sind *die* Zielgruppe der digitalen Unterhaltungsindustrie, da sie zwar eine geringe Kaufkraft aufweisen, aber sich für fast jede Art der im Internet angebotenen Unterhaltung begeistern können. Bei den „Entschleunigern" ist ein deutlicher Zusammenhang psychografischer und soziodemografischer Kriterien erkennbar, da diese Gruppe fast ausschließlich von älteren Generationen gebildet wird, die sich gegen Modernisierung stellen (vgl. o. V. 2009, o. S.). Die Charakteristika der einzelnen Mentalitäten sind gut erkennbar, wenn sie in die ursprüngliche Abbildung der Sinus-Milieus eingetragen werden (vgl. Abb. 5).

Abb. 5: Medienmentalitäten in den Sinus-Milieus

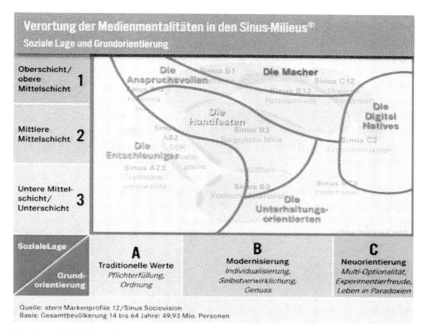

Quelle: o. V. 2009, o. S.

Ähnlich wie bei den Sinus-Milieus kann man m. E. auch in die Euro-Styles die verschiedenen Internetnutzer-Typologien eintragen. Nach Sicherheit strebende Menschen sind sicherlich keine solchen intensiven Surfer wie jene, die ständig auf der Suche nach Vergnügen sind. Internetnutzer sind heute kaum noch nur preis- oder qualitätsorientiert, da zum einen der Wettbewerb im Internet inzwischen so hoch ist, dass sich Anbieter, die nur preisorientierte Verbraucher ansprechen, kaum noch gegen preis- und qualitätsorientierte Anbieter durchsetzen können, zum anderen die Soziodemografika aufzeigen, dass Internetnutzer häufig eine hohe Bildung und ein überdurchschnittliches Einkommen aufweisen und damit neben dem Preis auch die Konditionen oder die Servicequalität von Angeboten berücksichtigen (vgl. Walgenbach 2007, S. 4; Auftraggebergemeinschaft GfK Online-Monitor 2001, o. S.). „Die Abenteurer", „Die Behaglichen" und „Die Weltoffenen" wären damit diejenigen, die die Entwicklung und Verbreitung des Internets vorantreiben würden. „Die Schutzsuchenden" und „Die Bodenständigen" eher solche, die die Entwicklung, wie auch schon „Die Entschleuniger" bei den Sinus-Milieus, behindert würden.

Wie bereits erwähnt, so ist das Involvement gegenüber bestimmten Produkten, Dienstleistungen oder aber auch Nutzungsmöglichkeiten des Internets ausschlaggebend dafür, wie gut die psychografischen Segmentierungskriterien das Verhalten messen und prognostizieren können. Bei Nutzungen mit einem hohen Involvement, wie z. B. dem Senden und Empfangen privater E-Mails oder SMS ist die Verhaltensprognose eher möglich als bei Nutzungsmöglichkeiten mit nur geringem Involvement, wie z. B. dem Abruf von Informationen über das Leben von Prominenten. Das jeweilige Involvement ist zwar auch personenabhängig, jedoch lassen sich diese Tendenzen angeben.

2.1.3 Verhaltensorientierte Segmentierung

These 3:	Wenn Internetnutzer nach verhaltensorientierten Kriterien segmentiert werden, dann ergeben sich individuell ansprechbare Segmente.

Die Segmentierung auf Basis verhaltensbezogener Daten ist ein Ansatz, bei dem vom beobachteten auf das künftige Verhalten geschlossen wird. Obwohl dieser Ansatz die Vorteile der Verhaltensrelevanz sowie der Beobachtung beinhaltet und damit eindeutige Daten liefert, so ist auch hier der Nachteil der ungewissen Prognose des zukünftigen Verhaltens zu erwähnen, denn dieses kann sich ändern, weshalb Prognosen auf Basis von Vergangenheitswerten nicht immer realistisch sein müssen. Zudem kann von dem Verhalten nur selten auf die dahinter stehenden Motive und Einstellungen als eigentliche Ursachen für Handlungsentscheidungen geschlossen werden, deren Kenntnis förderlich für eine zielgruppenspezifische Ansprache wäre (vgl. Müller/ Gelbrich 2004, S. 538; Homburg/ Krohmer 2006, S. 134).

Ein gutes Beispiel für eine verhaltensorientierte Segmentierung von Internetnutzern liefert die Beratungsgesellschaft McKinsey & Company. Unter dem Motto „Kenne deinen Kunden" haben sie auf Basis vorhandener Panel-Daten das Online-Verhalten amerikanischer und europäischer Internetnutzer analysiert. Dabei flossen u. a. Daten zu der verbrachten Zeit im Internet, der Zahl und Art besuchter Seiten und der Zeit pro Seite ein. Ziel dabei war natürlich das klassische Ziel der

Segmentierung, jede Gruppe mit ihren individuellen Bedürfnissen anzulocken und anzusprechen (vgl. Lades/ Thara 2000, S. 1ff.; Ludwig et al.2000, S. 14f.).

Die ermittelten sieben Internetuser-Kategorien sind stark branchenorientiert formuliert. Die so genannten „Schnupperer" sind häufig auf Seiten, deren Inhaber sie auch als Offline-Marke kennen, wie z. B. die Bild-Zeitung mit ihrer Website www.bild-online.de. Die Gruppe der „Convenience-Orientierten" suchen nach praktischen Dingen und besuchen deshalb häufig Seiten wie www.amazon.de. Die „Kontakter" nutzen das Internet überwiegend zur Kommunikation und fühlen sich deshalb von Anbietern wie www.gmx.de oder auch www.hotmail.de angesprochen. Seiten, die viele Informationen liefern, also u. a. www.spiegel-online.de oder www.focus-online.de werden häufig von den „Routiniers" besucht. Das Internetauktionshaus www.ebay.de und seine Konkurrenten sprechen die „Schnäppchenjäger" an und Unterhaltungsseiten wie www.rtl.de die „Entertainment-Orientierten". Nur die „Surfer" können nicht eindeutig einer Kategorie von Websites zugeordnet werden, da diese sehr sprunghaft sind und eine nur relativ geringe Zeit auf ihren Top-10-Sites verbringen (vgl. Lades/ Thara 2000, S. 2f.). Insgesamt eignet sich diese Segmentbildung jedoch gut, um als Internetanbieter die relevanten Kunden mit ihren Nutzungsgewohnheiten zu erkennen.

2.1.4 Nutzenorientierte Segmentierung

These 4: Wenn Internetnutzer nach nutzenorientierten Kriterien segmentiert werden, dann ergeben sich individuell ansprechbare Segmente.

Im Rahmen der nutzenorientierten Segmentierung oder auch Benefit Segmentation werden Kunden nach dem Nutzen, den sie aus einem Produkt oder einer Dienstleistung ziehen, segmentiert. Wichtig zu wissen ist dabei, welchen Kriterien des Produktes sie welchen Nutzen zuordnen. Dies lässt sich durch eine Conjoint-Analyse feststellen, mit der durch die Kombination verschiedener Merkmalsausprägungen von Produkten die Nutzen der einzelnen Merkmale relativ genau ermittelt werden können. Anschließend werden Konsumenten mit ähnlichem Nutzen bestimmter Merkmale zu einer Gruppe zusammengefasst.

Auch die nutzenorientierte Segmentierung bietet den Vorteil der Kaufverhaltensrelevanz, da der dabei bewertete Nutzen von Produkten und

Dienstleistungen einen direkten Einfluss auf die Kaufentscheidung hat. Allerdings birgt der Ansatz das Problem der Kundenansprache in sich. Häufig müssen die identifizierten Segmente zur Ansprache vorher durch weitere beispielsweise soziodemografische Kriterien charakterisiert werden. Zudem ist die enge Bindung der Messung an ganz bestimmte Produkte nachteilig, sodass die Messung kaum auf weitere Produkte mit zwar ähnlichen aber nicht identischen Merkmalen übertragen werden kann (vgl. Müller/ Gelbrich 2004, S. 539f.; Homburg/ Krohmer 2006, S. 134f.).

Abb. 6: Vergleich der Segmentierungsmethoden, allgemein

Methode	Vorteile	Nachteile
Soziodemografische Segmentierung	unproblematische Datenmessung, gute Datenverfügbarkeit	geringe Aussagekraft durch „hybride Konsumenten"
Psychografische Segmentierung	hohe Verhaltensrelevanz	hoher Aufwand für Segmentbildung
Verhaltensorientierte Segmentierung	hohe Verhaltensrelevanz, gute Datenbasis durch Beobachtung	ungewisse Verhaltensprognose, ungewisse Motive und Einstellungen
Nutzenorientierte Segmentierung	hohe Verhaltensrelevanz	Kundenansprache nur über weitere Kriterien möglich, enge Produktbindung

Quelle: eigene Darstellung

Eine nutzenorientierte Segmentierung von Internetnutzern ist m. E. nicht sinnvoll. Wie beschrieben, ist ein allgemeiner Nachteil dieser Form der Segmentierung die enge Bindung an das zu bewertende Produkt oder die Dienstleistung und die damit verbundene schwierige Übertragbarkeit auf andere Angebote. Dieser Nachteil ist hinsichtlich des Einsatzes für die Segmentierung von Internetnutzern ein Kriterium, durch das die Anwendung dieser Segmentierungsmethode ausscheidet, denn die Vielfalt des Internets erlaubt es nicht, jedem einzelnen Bestandteil, aus dem ein möglicher Nutzen hervorgehen könnte, zu bewerten.

Eine Möglichkeit, eine sehr grobe nutzenorientierte Segmentierung vorzunehmen, wäre, nach den allgemeinen Motiven des Internetzuganges jeder Person zu fragen. Falls diese daraus hervorgehenden Bedürfnisse, wie z. B. der Kontakt zu sozialen Gruppen in Chats oder der E-Mail-Versand und –Empfang, dann im Internet befriedigt werden können, so würde dies den Nutzen darstellen, nach dem segmentiert werden kann (vgl. Miller 1996, S. 49). Da die verhaltensorientierte Segmentierung eine

weitaus umfassendere Möglichkeit bietet, das Verhalten der Internetnutzer zu erfassen und dabei auch die Motive einzubeziehen, sollte von einer nutzenorientierten Segmentierung abgesehen werden. Dies ist sicherlich auch der Grund, warum nach meiner Kenntnis bis heute keine Studien zur nutzenorientierten Segmentierung vorliegen.

Abb. 7: Vergleich der Segmentierungsmethoden, internetbezogen

Methode	Vorteile	Nachteile
Soziodemografische Segmentierung	gute Datenverfügbarkeit bzgl. Gesamtheit der Internetnutzer	schlechte Datenverfügbarkeit bzgl. einzelne Nutzer, geringe Aussagekraft zu Online-verhalten
Psychografische Segmentierung	hohe Verhaltensrelevanz bei hohem Involvement	hoher Aufwand für Segmentbildung, geringe Verhaltensrelevanz bei niedrigem Involvement
Verhaltensorientierte Segmentierung	hohe Verhaltensrelevanz	ungewisse Verhaltensprognose, ungewisse Motive und Einstellungen
Nutzenorientierte Segmentierung	hohe Verhaltensrelevanz	enge Produktbindung

Quelle: eigene Darstellung

3 Segmentierung der Internetnutzer im E-Commerce-Sektor

3.1 E-Commerce als starker Wirtschaftszweig im Internet

Als E-Commerce ist der „Handel über digitale Datennetze wie das Internet [zu verstehen]. Man unterscheidet zwischen dem Geschäftsverkehr zwischen Unternehmen (Business to Business - B2B) und dem Handel mit dem Endkunden (Business to Customer - B2C)" (FAZ 2009, o. S.). Im Folgenden soll nur der B2C-Bereich relevant sein. Dieser ist auch bekannt als E-Shopping. Fritz (2000, S. 80f.) stellt dieses E-Shopping in seinem Fünf-Phasen-Modell zu den Entwicklungsstufen der Internetnutzung dar. Die Phasen bildet er durch die Bewertung der Internetfunktionen und der Zeit der Internetnutzung. Nach drei Phasen, in denen zuerst nur nach genereller Unterhaltung und Zeitvertreib gesucht wird (Phase 1: „E-Leisure"), anschließend auch der Informationsaspekt relevant wird (Phase 2: „E-Information") und schließlich die

Interaktion und Kommunikation mit anderen Internetnutzern im Mittelpunkt steht (Phase 3: „E-Contact"), folgt das E-Shopping in Phase 4, das geprägt ist von einem hohen Zeitaufwand für die Internetnutzung, bei dem viele Internetfunktionen genutzt werden. Eine Steigerung hinsichtlich der zwei Kriterien „Funktionen" und „Zeitaufwand" bietet nur noch Phase 5, der „E-Service", bei dem der Konsument zusätzlich kostenlos angebotenen Service, z. B. individuelle Information, Beratung und Unterhaltung, erwartet.

Immer mehr Konsumenten kaufen regelmäßig im Internet. Im B2C-Bereich konnten im Jahr 2008 die Unternehmen in Deutschland einen Umsatz in Höhe von 13,6 Milliarden Euro durch den Vertrieb von Waren an Privatpersonen verzeichnen. Dies entspricht einer Steigerung von 19% im Vergleich zum Vorjahr (vgl. GfK 2009, o. S.).

Die wichtigsten Motive der Konsumenten zum Internet-Shopping sind die Bequemlichkeit des Einkaufes, die Unabhängigkeit von den Ladenöffnungszeiten, die große Auswahl, die Möglichkeit, sich die Kaufentscheidung zu Hause in Ruhe überlegen zu können oder auch die preisgünstigen Produkte (vgl. Quelle 2009, o. S.). Unternehmen profitieren durch den Internetverkauf von der Möglichkeit, ihre Geschäftsabläufe zu automatisieren, zu beschleunigen und auf diese Art und Weise Kosteneinsparungen umsetzen zu können. Des Weiteren bietet E-Commerce den Unternehmen neue, globale Absatz- und Beschaffungskanäle (vgl. Statistisches Bundesamt 2007, S. 31).

Diese beidseitigen Vorteile führten dazu, dass im Jahr 2008 97,4% der regelmäßigen Internetnutzer mindestens einmal online bestellt haben. Dies sind 28,1% mehr als noch 2007. Selbst in der Wirtschaftskrise wächst der Online-Markt stark. 44% der Konsumenten gaben beim Online-Shopping 2008 mehr Geld als 2007 aus. Sicherlich ist dies auch auf das moderne, erstrebenswerte Lebensgefühl von Unabhängigkeit, Flexibilität und Vielfältigkeit zurückzuführen, welches durch Webshopping erreicht werden kann (vgl. Quelle 2009, o. S.).

Die Aktualität des E-Commerce als Absatzkanal für Waren und Dienstleistungen von Unternehmen und die hohe Änderungsgeschwindigkeit von E-Commerce durch stetig steigende Kundenanforderungen, denen möglichst individuell durch Angebote von Unternehmen Beachtung geschenkt werden soll, indiziert Forschungen und Studien, von denen im vergangenen Jahrzehnt eine Vielzahl erschienen ist. Neben allgemeinen Studien zur quantitativen Entwicklung des Sektors

(vgl. u. a. Statistisches Bundesamt 2007) wurden auch einige qualitative Forschungen durchgeführt und in Form von Artikeln und Büchern der Öffentlichkeit zugänglich gemacht (vgl. u. a. Fritz 2000, GfK 2009). Die im Folgenden vorgestellten Möglichkeiten der Segmentierung von E-Consumern bilden aus diesen Gründen m. E. die wichtigste Unterkategorie der Kundensegmentierung im Internet.

3.2 Segmentierung von E-Consumern

Wie schon bei der Segmentierung von Internetnutzern allgemein, so kann anhand sozioökonomischer und zusätzlich psychografischer Kriterien auch für den E-Commerce-Bereich ein „Standardkonsument" konzipiert werden (vgl. Abb. 8).

Abb. 8: Eigenschaften eines klassischen E-Consumers

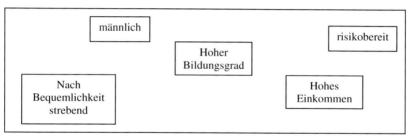

Quelle: eigene Darstellung (vgl. Li et al. 1999, o. S.; Koyuncu, Lien 2003, S. 725)

Trotz der Erkenntnisse über die soziodemografischen und psychografischen Eigenschaften eines Online-Käufers, gestaltet sich die Ansprache konkreter Zielgruppen schwierig. Dazu brauchen Unternehmen nicht nur Kenntnisse über E-Consumer allgemein, sondern auch über jeden einzelnen tatsächlichen oder potenziellen Konsumenten, um diesen dann zu einer bestimmten E-Consumer-Gruppe zuzuordnen und dieser Gruppe individuelle Angebote, abgestimmt auf die jeweiligen Eigenschaften, unterbreiten zu können. Diese Datenerhebung ist, wie auch schon die Datenerhebung bei der Segmentierung aller Internetnutzer, nur eingeschränkt möglich.

Eine gute Basis für die Segmentierung von Internet-Shoppern liefern verschiedene Studien, u. a. von der GfK (2009), von Li et al. (1999) und von Brengman et al. (2005). Die GfK erhebt über das so genannte WebScope-Panel alle Käufe und

Bestellungen von Waren im Internet. Darauf basierend segmentiert sie die Internetnutzer anhand ihres Verhaltens in sieben Gruppen (vgl. Abb. 9).

Abb. 9: Nutzergruppen und deren Anteil am E-Commerce-Umsatz

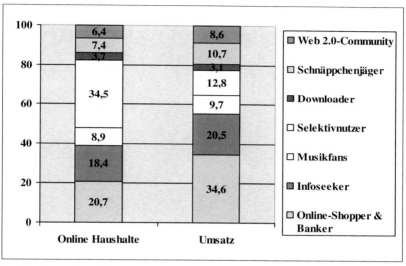

Quelle: eigene Darstellung (vgl. GfK 2009, o. S.)

These 5:	Wenn die Segmente der Internetnutzer auf die Internet-Shopper übertragen werden, dann können nicht nur derzeitige sondern auch potenzielle Internet-Shopper angesprochen werden.

Die Einteilung der GfK zielt zuerst darauf ab, die Internetnutzer insgesamt zu segmentieren. Die größte Gruppe der Internetnutzer bilden die „Selektivnutzer" (34,5%). Diese nutzen nicht nur eine bestimmte Kategorie von Angeboten bzw. Funktionen im Internet, z. B. Musik oder Information, sondern suchen sich aus vielen Gebieten die sie interessierenden Themen heraus. Über den Anteil am E-Commerce-Umsatz können Internetanbieter jedoch auch schnell die relevanten Segmente für ihren Bereich erkennen. Die „Selektivnutzer" bilden hier nur noch die drittgrößte Gruppe. Relevanter für Internetanbieter sind hingegen die „Online-Shopper & Banker", die mit einem allgemeinen Nutzeranteil von 20,7% 34,6% des Online-Umsatzes erwirtschaften,

und die „Infoseeker", die den Unternehmen mit einem Nutzeranteil von 18,4% 20,5% des Online-Umsatzes liefern.

Der Vorteil dieser Segmentierung liegt darin, dass nicht nur derzeitige sondern auch potenzielle E-Consumer angesprochen werden können, denn die Charakteristika der Segmente von Internetnutzern sind bekannt. Diese bleiben bestehen und werden lediglich zusätzlich über die Ausgaben für Waren beschrieben.

So ist die wichtigste E-Commerce-Gruppe der „Online-Shopper & Banker" dadurch charakterisiert, dass sie in einem 2- bis 4-Personen-Haushalt leben und etwas mehr als die Hälfte von ihnen weiblichen Geschlechtes ist. Nur wenige der „Online-Shopper & Banker" kommen aus den neuen Bundesländern. Überdurchschnittlich viele Konsumenten dieser Kategorie leben in einem Ort oder einer Stadt mit weniger als 5000 Einwohnern. Nur wenige Nutzer sind unter 20 Jahre, der größte Teil 20 bis 49 Jahre und fast die Hälfte von ihnen verfügt über ein monatliches Einkommen von mehr als 2500€. Im Bereich Mode kaufen sie überwiegend Damen- und Kinderoberbekleidung, im Bereich Technik hingegen viele Elektroküchengeräte und allgemein viele Spielwaren und Pflanzen (vgl. GfK 2008, S. 4ff.).

These 6:	Wenn die Internet-Shopping-Gewohnheiten von E-Consumern aus verschiedenen Ländern verglichen werden, dann sind keine Unterschiede feststellbar.

Brengman et al. (2005, S. 79ff.) führten eine Segmentierung durch, bei der sie sich an der von Smith und Swinyard (2001) orientierten. Während Smith und Swinyard ihre Erhebung in den USA durchführten, so versuchten Brengman et al. diese wenige Jahre später in Belgien zu replizieren um somit interkulturelle Validität der Ergebnisse zu beweisen. In den USA wurden rund 24000 Probanden, die in einem Haushalt mit Internetanschluss lebten und innerhalb der vergangenen zwei Monate mindestens einmal im Internet bestellt hatten, per Post und Mail angeschrieben und gebeten, einen Fragebogen mit 65 Fragen zu psychografischen und verhaltensorientierten Aspekten bezüglich ihres Internetkaufverhaltens sowie Fragen zum individuellen Gebrauch des Internets zum E-Shopping zu beantworten. In Belgien wurde eine nahezu identische Studie, allerdings mit nur 11500 Probanden, durchgeführt.

Mittels einer Faktorenanalyse konnten die 65 Items zu sechs Faktoren verdichtet werden, die in unterschiedlich starker Ausprägung verschiedene Internet-Shopper-

Lifestyle-Typen charakterisieren: „Komfort und Bequemlichkeit des Einkaufens im Internet", „wahrgenommene Erfolglosigkeit der Internet-Shopping-Aktivitäten", „Internet-Logistik", „Misstrauen gegenüber Online-Aktivitäten", „Angebot im Internet" und „virtueller Schaufensterbummel". Trotz der bis dahin ähnlichen Studie, bilden die Autoren durch eine anschließende Clusteranalyse unterschiedliche Segmente (vgl. Brengman et al. 2005, S. 82ff.).

Smith und Swinyard bildeten acht Segmente der Internet-Shopper (vgl. Abb. 10).

Abb. 10: Kategorien von Internet-Shoppern

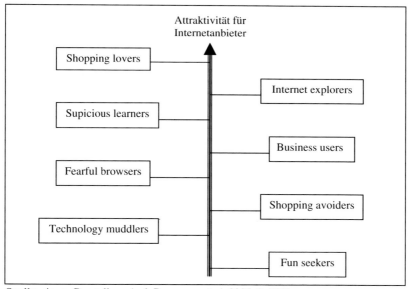

Quelle: eigene Darstellung (vgl. Brengman et al. 2005, S. 80f.).

Die „Shopping lovers" sind diejenigen, die sich mit der Internetnutzung auskennen, regelmäßig Online-Shopping betreiben und dies auch genießen. „Internet explorers" empfinden Online-Shopping als spaßig und sollten deshalb als potenzielle Meinungsführer berücksichtigt werden. Anders behandeln müssen Unternehmen die „Suspicious learners". Sie sind mit Online-Shopping bisher nicht vertraut, jedoch aufgeschlossen, wenn auch zuerst misstrauisch gegenüber neuen Dingen und haben kein Problem damit, ihre Kreditkartennummer auch online zu übermitteln, was v. a. im

Internet häufig notwendig ist und diesem Segment damit zusätzliche Attraktivität verleiht. Die so genannten „Business users" nutzen das Internet überwiegend für Geschäfts- und Weiterbildungszwecke und kaufen deshalb kaum persönliche Waren online ein. „Fearful browsers" verbringen zwar viel Zeit mit virtuellen Schaufensterbummeln, kaufen jedoch nicht online, wenn sie Bedenken hinsichtlich der Sicherheit haben und möchten ihre favorisierten Produkte gern auch vor dem Kauf sehen. Ähnliche Online-Shopping-Hindernisse sind bei den „Shopping avoiders" zu beobachten. Auch sie möchten ihre Produkte gern vorher sehen und haben zudem ein Problem mit der Wartezeit bis zum Erhalt der Waren. Kaum interessant für Online-Händler sind die „Technology muddlers". Diese haben kaum Interesse an bzw. Kenntnisse über Computer und das Internet allgemein und ebenso geringes Interesse an Online-Shopping. Das letzte Segment, die „Fun seekers", mögen zwar das Internet als Unterhaltungsinstrument, haben jedoch Angst vor Internetkäufen, was möglicherweise mit ihrem niedrigen Bildungsgrad und dem geringen Einkommen zusammenhängt (vgl. Brengman et al. 2005, S. 80f.).

Die Zielgruppen der Online-Verkäufer sind natürlich „Shopping lovers" und auch „Internet explorers". Durch die stetige Verbesserung der Sicherheit der Datenübermittlung und weiterem Abbau von E-Commerce-Hindernissen für E-Consumer sollten die anderen Segmente jedoch nicht vernachlässigt sondern individuell bearbeitet werden, sodass ihre Ängste abgebaut werden.

In ihrer Replikationsstudie bilden Brengman et al. (2005, S. 84ff.) jeweils vier Segmente aus Internet-Shoppern und Nicht-Shoppern (vgl. Abb. 11). Sie ermittelten zudem die Verbreitung der einzelnen Internet-Shopping-Typen in den USA und Belgien. Ein Vergleich von Deutschland mit diesen beiden Ländern könnte z. B. über einen Vergleich der Infrastruktur und Bevölkerungsdichte und der Bereitschaft, zum Einkaufen auch weite Strecken zu fahren, erfolgen. Daraus ließe sich u. U. ableiten, ob deutsche E-Consumer eher wie belgische oder eher wie amerikanische E-Consumer handeln würden und eingestellt wären. Auch andere Kriterien wären möglich, doch die verlässlichsten Ergebnisse könnte eine Replikationsstudie in Deutschland liefern.

Abb. 11: Kategorien von Internet-Shoppern und Nicht-Shoppern

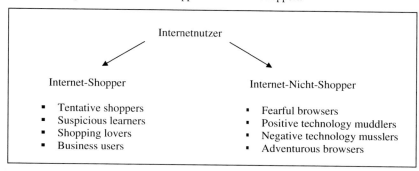

Quelle: eigene Darstellung (vgl. Brengman et al. 2005, S. 84ff.).

Die Internet-Shopper unterteilen Brengman et al. in „tentative shoppers", „suspicious learners", „shopping lovers" und „business users". Die „tentative shoppers" sind die zögerlichen, versuchsweisen Internet-Shopper, die zwar Erfahrung bezüglich des Einkaufens im Internet aufweisen und auch ohne Probleme ihre Kreditkartennummer online angeben, jedoch keinen Spaß beim Online-Shopping empfinden. Die Bequemlichkeit und das Angebot des Einkaufens im Internet bewerten sie eher negativ. Bisher nutzt dieses Segment meist nur die Kommunikationsmöglichkeit per E-Mail im Internet. Da die „tentative shoppers" ein großes Segment mit 14% der E-Shopping-Nutzer in den USA und 13,9% der Nutzer in Belgien bilden, sollten sie von Verkäufern trotz ihrer eingeschränkten E-Shopping-Begeisterung berücksichtigt werden. Damit auch in diesem Segment Gewinne eingefahren werden können, sollten Verkäufer diesen Nutzern einen Zusatznutzen bieten, der das Internet und E-Shopping für sie attraktiver erscheinen lässt und ihr Interesse weckt.

Die weiteren drei Cluster der Internet-Shopper gleichen bezüglich ihrer Bezeichnung und Charakterisierung sehr stark den bereits vorgestellten Segmenten von Smith und Swinyard. Sie werden deshalb an dieser Stelle nicht noch einmal genau beschrieben.

Die „suspicious learners" unterscheiden sich von dem so benannten Segment von Smith und Swinyard lediglich dadurch, dass sie laut Brengman et al. nicht bereit sind, ihre Kreditkartennummer im Internet preiszugeben, wodurch ihnen weniger Attraktivität für den Internethandel zugesprochen wird. Sie sind mit 15,6% in den USA

und 8,9% in Belgien vertreten. Aufgrund dieser Verbreitung sollten auch bei diesen Nutzertypen Maßnahmen durch die Verkäufer ergriffen werden, die zum Abbau der bisherigen E-Shopping-Hindernisse führen. Die Unternehmen könnten z. B. die Bestellvorgänge nutzerfreundlich gestalten um so der Unerfahrenheit der „suspicious learners" Rechnung zu tragen. Sie könnten auch eine Art virtuellen Wegweiser auf ihren Websites einrichten oder bzw. und eine einfache und zuverlässige Abwicklung der Problem- und Beschwerdebehandlung einführen um diese misstrauischen zu überzeugten E-Shoppern zu machen.

Die „shopping lovers" vereinen 9,8% der Internet-Shopper-Nutzer in den USA und 15,3% der belgischen Internet-Shopper. Bei diesem Shopping-Typ ist keine Überzeugungsarbeit mehr notwendig. Vielmehr sollten Internet-Verkäufer durch überzeugende Angebote darauf abzielen, die „shopping lovers" zu einer positiven Mund-zu-Mund-Werbung zu animieren.

Die letzte Kategorie der Internet-Shopper bilden die „business users". Trotzdem sie 12% der US-amerikanischen E-Shopper und 10,5% der belgischen Shopper beinhalten, sind sie nur eingeschränkt interessant für Internethändler, da sie Websites fast ausschließlich für Geschäftszwecke nutzen (vgl. Brengman et al. 2005, S. 84f.).

Brengman et al. (2005, S. 85ff.) haben die Probanden, die in den vergangenen zwei Monaten kein Online-Shopping betrieben haben zwar in vier Segmente eingeteilt, m. E. ist es aber v. a. bei seltenen Online-Shoppern oder denen, die dies vollkommen ablehnen, besonders schwierig für Online-Anbieter, ihre Kunden in diese Kategorien einzuordnen, da sich die Informationserfassung noch schwieriger gestaltet als ohnehin schon bei der Erhebung von Einstellungen. Die von Brengman et al. gebildeten Segmente der „fearful browsers", die viel surfen aber sehr misstrauisch gegenüber E-Shopping und den damit verbundenen logistischen Vorgängen stehen, „positive …" und „negative technology muddlers", die unerfahren im Internet sind aber eine positive bzw. negative Einstellung gegenüber Internet-Shopping aufweisen und „adventurous browsers", bei denen aufgrund von kaum vorhandenen Ablehnungsgründen ein baldiger Internetkauf wahrscheinlich ist, sind zwar gut gewählt, jedoch sollte keine individuelle Bearbeitung der Segmente erfolgen, sondern vielmehr grundsätzliche E-Shopping-Hemmnisse abgebaut werden.

So sollten Online-Verkäufer einen Shopping-Guide auf ihrer Seite anbieten, der je nach Bedarf einen Wegweiser für die Seite bietet. Zudem sollte stetig an der

Verbesserung der Sicherheit und des Service gearbeitet und logistische Probleme weitestgehend ausgeschlossen werden. Auf diese Art und Weise könnte ein Großteil der Ängste und Bedenken von E-Shoppern wie auch Nicht-Shoppern beseitigt werden, E-Shopper würden womöglich ihre Einkäufe noch steigern und Nicht-Shopper beginnen im Internet zu kaufen.

4   Handlungsempfehlungen zur Kundensegmentierung

Die in den bisherigen Kapiteln vorgestellten Methoden zur Segmentierung von Internetnutzern bzw. E-Consumern bieten eine Grundlage zur Kundengruppenbildung, an die sich Internet-Unternehmen bei der Segmentierung ihrer eigenen Kunden anlehnen können. Dazu müssen benötigte Daten erhoben werden, um nicht nur ein Bild aller Internetnutzer zu haben, wie es z. B. durch den GfK Online-Monitor gegeben wird, sondern die für das eigene Unternehmen relevanten Kunden und deren Eigenschaften zu erfassen.

Zuerst muss sich das Unternehmen für eine grundlegende Datenerhebungsmethode entscheiden, Primär- oder Sekundärdatenerhebung. Durch die Primärdatenerhebung können dabei unternehmensspezifische Daten erfasst werden. Die spezielle Methode zur Datengewinnung von Primärdaten kann zudem bestimmt werden. Je nachdem ob eher qualitative Daten in Form von Interviews und Diskussionen mit einer begrenzten Zahl von Probanden, eher quantitative Daten durch standardisierte mündliche, schriftliche oder telefonische Befragungen oder eine Onlinebefragung mit einer Vielzahl von Probanden gewonnen werden sollen, eine Beobachtung von Verhalten oder aber eine Mischform aus verschiedenen Methoden angemessen ist, kann das passende Vorgehen gewählt werden. Konkrete Inhalte und exaktes Vorgehen jeder einzelnen Methode wird in zahlreichen Marketing- und Marktforschungsbüchern (vgl. u. a. Homburg/ Krohmer 2006, S. 60ff; Esch et al. 2006, S. 89ff.) ausführlich erläutert und deshalb an dieser Stelle nicht näher beschrieben.

Eine Methode, welche aber in den vergangenen Jahren an Bedeutung gewonnen hat, ist m. E. wichtig zu erwähnen: die Beobachtung des Einkaufsverhalten im Electronic Commerce. Die durch das Internet entstandenen neuen technischen Möglichkeiten lassen eine intensive Beobachtung des Kaufverhaltens von E-Consumern zu. Dabei kann durch spezielle Analysesoftware das „Click-Through-Verhalten", also

das Nutzungserhalten auf einer Website, sowie das Kaufverhalten erfasst und analysiert werden. Damit können Unternehmen nicht nur ihre Verkäufe und die Besucher ihrer Website erfassen, sondern haben zudem einen Einblick in den Kaufentscheidungsprozess, indem sie bspw. nachvollziehen können, welche Produkte die Konsumenten vor ihrer Kaufentscheidung miteinander verglichen haben (vgl. Homburg/ Krohmer 2006, S. 67). So können sie Rückschlüsse darauf ziehen, welche Produkte zwar zunächst interessant erscheinen, aber beim näheren Betrachten nicht überzeugen können und daraufhin Verbesserungen dieser Produkte oder des Angebotes vornehmen. Zudem können sie, und dies sind wichtige Aspekte der Kundensegmentierung, weitere Interessengebiete ihrer Kunden erfassen, die sie bei der bloßen Betrachtung der Verkäufe nicht hätten erkennen können und außerdem durch die genaue Verfolgung der Websiteaktivitäten, also z. B. auch der Zeit bis zur Entscheidungsfindung oder der Anzahl der miteinander verglichenen Artikel, auf Persönlichkeitseigenschaften des E-Consumers, bspw. „überlegter Käufer", „routinierter Shopper" o. Ä., schließen.

Die zweite grundlegende Datenerhebungsmethode ist die Verwendung von Sekundärdaten. Durch die Verwendung bereits vorhandener Daten ist diese Methode weitaus kostengünstiger als die Primärdatenerhebung. Der große Nachteil sekundärer Daten liegt jedoch darin, dass die Daten nicht für einen konkreten Sachverhalt gewonnen wurden, sondern nur auf ihn angewendet werden und damit nicht so spezifisch sind wie Primärdaten. Möglichkeiten der Informationsgewinnung liegen in der Auswertung unternehmensinterner und –externer Daten. Unternehmensinterne Daten sind bspw. Kunden- und Absatzstatistiken, Kundendienstberichte oder Informationen aus der Kostenrechnung. Beispiele für unternehmensexterne Daten sind öffentliche Daten, wie Statistiken von statistischen Ämtern, Wirtschaftsforschungsinstituten oder politischen Organisationen und kommerzielle Daten von Marktforschungsunternehmen (vgl. Homburg/ Krohmer 2006, S. 71f.).

Wichtig für ein valides Ergebnis bei der Primärdatenerhebung ist die Auswahl einer geeigneten Stichprobe. Eine Vollerhebung mit allen Internetnutzern wäre wohl aufgrund des Umfanges nicht möglich, deshalb sollten Unternehmen eine Teilerhebung durchführen. Aus der Grundgesamtheit aller Internetnutzer bzw. E-Shopper muss dabei eine Menge ausgewählt werden, die repräsentativ für die gesamte Grundgesamtheit steht, d. h. in ihrer Zusammensetzung muss die Stichprobe der Grundgesamtheit aller

Nutzer entsprechen. Informationen zur Grundgesamtheit liefert u. a. der GfK Online-Monitor (2001). Diese Daten müssen proportional für die Anzahl der Probanden berechnet werden. Bei der Stichprobenauswahl für die Erhebung von Daten zur Internetnutzung allgemein, müssen dabei alle Internetnutzer als Grundgesamtheit gezählt werden, bei Internet-Verkäufern gilt die Grundgesamtheit der E-Consumer oder der Kunden eines Segmentes (vgl. Homburg/ Krohmer 2006, S. 73f.).

Hat die Datenerhebung mit einer möglichst geeigneten Stichprobe stattgefunden, so liegt ein Datensatz mit einer Vielzahl von Informationen zu einer Vielzahl von Probanden vor. Um diese Komplexität des Datensatzes zu reduzieren, bietet sich die Clusteranalyse an. Dabei werden die Kunden zu in sich möglichst homogenen aber untereinander möglichst heterogenen Clustern, d. h. Gruppen, zusammengefasst. Die Kundengruppen mit ähnlichen Eigenschaften können dann differenziert bearbeitet werden. Beispiele für solche Gruppen liefern die Kapitel 2.2 und 3.2. Hier erfolgt nun aber die Segmentierung der eigenen Kunden durch die Unternehmen.

Grundsätzlich umfasst das Vorgehen zur Clusterbildung sechs Schritte (vgl. Abb. 12). Zunächst müssen Clustervariablen, d. h. also Kriterien die der Abgrenzung dienen wie z. B. Anzahl getätigter Online-Käufe in den vergangenen sechs Monaten, ausgewählt werden und eine Datenmatrix mit den Merkmalsausprägungen der Probanden aufgestellt werden (vgl. Homburg/ Krohmer 2006, S. 99).

Bei der Abgrenzung von Segmenten unter Beachtung des Kaufverhaltens sind vier wichtige Kriterien zu berücksichtigen. Zuerst erfolgt eine grundlegende Einteilung der Konsumenten in Käufer und Nichtkäufer bestimmter Produkte. Weiterhin beachtenswert beim ersten Kriterium ist die Markenwahl, denn markentreue Konsumenten unterscheiden sich in ihrem Kaufverhalten von jenen, die keinen Wert auf bestimmte Marken legen oder aber immer auf der Suche nach Sonderangeboten sind. Ein weiteres Kriterium ist das Kaufvolumen und die Kaufintensität. Dabei werden die durchschnittlich getätigten Käufe eines Konsumenten innerhalb eines bestimmten Zeitraumes erfasst. Das dritte Kriterium ist die Unterscheidung der Konsumenten hinsichtlich des Preisverhaltens. Dabei kann das Preisverhalten entweder personen- oder aber produktbezogen erfasst werden. Das letzte Kriterium beinhaltet die Einkaufsstättenwahl und Nutzung verschiedener Medien. Dabei werden die üblicherweise genutzten Absatzkanäle und Medien erfasst. Durch diese Erkenntnisse kann die Erreichbarkeit der Zielgruppen über bestimmte Absatz- und

Kommunikationskanäle verbessert werden (vgl. Ziemen/ Böcker 2004, S. 6). Im E-Business- und E-Commerce-Bereich ist das letzte Kriterium aufgrund der gegebenen Distributionskanals „Internet" nicht relevant.

Als zweiter Schritt folgt das Aufstellen einer Distanzmatrix, bei der, je nach gewähltem Vorgehen, die Ähnlichkeit oder Unterschiedlichkeit der Probanden eingetragen wird, die vorher über das Ähnlichkeits- oder Distanzmaß berechnet wurde. Wichtig für die Bildung aussagekräftiger Cluster ist der dritte Schritt, die Elimination von Ausreißern, d. h. von Objekten, die sich derart von allen anderen unterscheiden, also eine so große Distanz aufweisen, dass sie letztlich keinem Cluster zugeordnet werden könnten.

In einem vierten Schritt muss ein Clusteralgorithmus gewählt werden. Diese so genannten Linkage-Verfahren legen fest, auf welche Art und Weise und damit in welcher Reihenfolge die Kunden zusammengefasst werden. Häufig wird das Single-Linkage-Verfahren verwendet, bei dem immer die zwei ähnlichsten Objekte zusammengefasst werden und dies so lange, bis nur noch ein Cluster existiert. Grafisch kann dies durch ein Dendogramm veranschaulicht werden, welches die einzelnen Kunden und die jeweiligen Cluster darstellt.

Als fünfter Schritt muss die optimale Clusterzahl bestimmt werden. Dafür eignet sich das „Elbow-Kriterium". Es werden dazu der Heterogenitätszuwachs und die Anzahl der Cluster in einem Koordinatensystem abgetragen. An der Stelle, an dem ein sprunghafter Anstieg der Heterogenität durch das weitere Zusammenfassen von Clustern zu verzeichnen ist, greift das Kriterium und die optimale Anzahl von Clustern ist mit diesem ‚Knick' gefunden. Zuletzt müssen die festgelegten Cluster natürlich noch ausreichend interpretiert und aussagekräftig benannt werden, um später Kunden eindeutig und schnell zuordnen zu können (vgl. Homburg/ Krohmer 2006, S. 100ff.).

Abb. 12: Vorgehen bei einer Clusteranalyse

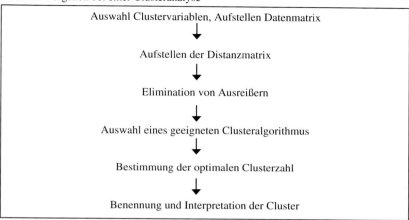

Quelle: eigene Darstellung (vgl. Homburg/ Krohmer 2006, S. 99)

Mit der vorliegenden Arbeit wurden die Bedeutung und mögliche Herangehensweisen der Segmentierung von Konsumenten gezeigt, zuerst allgemein, dann für den Internetsektor, zuletzt für den E-Commerce-Bereich. Die vorgenommene Abwägung der Vor- und Nachteile verschiedener Segmentierungsansätze dient dabei als Entscheidungshilfe, falls einer der Ansätze gewählt werden soll.

Verschiedene Institute und Autoren haben eigene Ansätze zur Segmentierung gefunden. So entstanden u. a. die Sinus-Milieus, die Euro Socio-Styles und die Medienmentalitäten der GfK. Zur Gruppenbildung von E-Consumern liefern Brengman et al. sowie nochmals die GfK umfassende Ansätze.

Häufig sind gegebene Kundengruppen aber nicht spezifisch genug, um die eigenen Kunden in diese einzuordnen. Dafür wurde die Möglichkeit der Kundengruppenbildung mit der Clusteranalyse unter Verwendung von Primär- oder Sekundärdaten vorgestellt.

Wenn letztlich geeignete Cluster gebildet wurden, so muss noch die letzte und sicherlich größte Herausforderung bewältigt werden: die Ansprache der verschiedenen Kundengruppen durch einzigartige, aufmerksamkeitsstarke und auf das Segment abgestimmte Aktivitäten (vgl. Grootenhuis 2003, S. 19).

5   Literaturverzeichnis

Arbeitsgemeinschaft Online Forschung e. V. (2009): Berichtsband zur internet facts 2008-IV, in: http://www.agof.de/index.583.html, Abruf am: 11.05.2009.

Auftraggebergemeinschaft GfK Online-Monitor (2001): GfK Online-Monitor: Ergebnisse der 7. Untersuchungswelle, in: http://www.inf-wiss.uni-konstanz.de/CURR/winter0102/ec/online_monitor7.pdf, Abruf am: 11.05.2009.

Bauer, H. H.; Martin, I.; Albrecht, C.-M. (2008): Virales Marketing als Weiterentwicklung des Empfehlungsmarketing, in: Bauer, H. H.; Große-Leege, D.; Rösger, J. (Hrsg.): Interactive Marketing im Web 2.0+: Konzepte und Anwendungen für ein erfolgreiches Marketingmanagement im Internet, 2. Aufl, München 2008, S. 57-71.

Brengman, M.; Geuens, M.; Weijters, B.; Smith, S. M.; Swinyard, W. R. (2005): Segmenting Internet shoppers based on their Web-usage-related lifestyle: a cross-cultural validation, in: Journal of Business Research, 58/ 2005, S. 79-88.

Esch, F.-R.; Herrmann, A.; Sattler, H. (2006): Marketing: Eine managementorientierte Einführung, München 2006.

Frankfurter Allgemeine Zeitung (2009): Internet Glossar: Von DAB bis Firewire: E-Commerce, in: http://www.faz.net/s/RubEC1ACFE1EE274C81BCD3621EF555 C83C/Doc~EDA9B3BC9ED8140FF83D00ABD18F572A3~ATpl~Ecommon~S content.html, Abruf am: 31.05.2009.

Gesellschaft für Konsumforschung (2008): GfK Online-Nutzertypen 2008: Was kaufen unterschiedliche Online-Nutzertypen im Internet?, in: http://www.gfkps.com/imperia/md/content/ps_de/consumerscope/webscope/onli ne_nutzertypen.pdf, Abruf am: 31.05.2009.

Gesellschaft für Konsumforschung (2009): E-Commerce-Umsatz wächst weiter, in: http://www.gfk.com/imperia/md/content/presse/pm_webscope_2008_dfin.pdf, Abruf am: 30.05.2009.

Grootenhuis, R. (2003): Aktives Kundenmanagement auf Basis verhaltensorientierter Segmentierung, in: Thexis, 4/2003, S. 17-19.

Homburg, C.; Krohmer, H. (2006): Grundlagen des Marketingmanagements: Einführung in Strategie, Instrumente, Umsetzung und Unternehmensführung, Wiesbaden 2006.

Lades, S.; Thara, U. (2000): McKinsey & Company Pressemitteilung: "Surfen oder Schnuppern" – Wer nutzt das Internet wofür?, in: http://www.dresden-land.de/investoren/McKinsey.pdf, Abruf am: 11.05.2009.

Li, H.; Kuo, C.; Russell, M. G. (1999): The Impact of Perceived Channel Utilities, Shopping Orientations, and Demographics on the Consumer's Online Buying Behavior, in: Journal of Computer-Mediated Communication, 5(2).

Ludwig, H.; Ringbeck, J.; Schulte-Bockum, J. (2000): Segmenting the E-market, in: The McKinsey Quarterly, 4/2000, S. 14-18.

Miller, T. E. (1996): Segmenting the Internet, in: American Demographics, 18(7), S. 48-51.

Müller, S.; Gelbrich, K. (2004): Interkulturelles Marketing, München 2004.

o. V. (2009): Zahlen und Fakten: Medienmentalität, in: http://emwee.de/mobile-marketing/zahlen-und-fakten/, Abruf am: 30.05.2009.

Quelle   (2009):   Quelle   E-Commerce   Trendstudie,   in: http://www.esales4u.de/2009/quelle-trendstudie-ecommerce.php,   Abruf   am: 30.05.2009.

Sinus Sociovision (2007): Die Sinus-Milieus in Deutschland 2007, in: http://www.sinus-sociovision.de, Abruf am: 21.05.2009.

Statistisches Bundesamt (2007): Entwicklung der Informationsgesellschaft: IKT in Deutschland, Ausgabe 2007, in: https://www-ec.destatis.de/csp/shop/sfg/bpm.html.cms.cBroker.cls?cmspath=struktur,vollanz eige.csp&ID=1021037, Abruf am: 30.05.2009.

Walgenbach, G. (2007): Die Vorteilssituation von Innovationen auf elektronischen Märkten: Strategische Relevanz des frühen Markteintritts am Beispiel des Online-Buchhandels, Wiesbaden 2007.

W&V Media (2009): Die Euro-Socio-Styles der GfK, in: http://www.wuv-media.de/mafo/zielgruppen/euro.php, Abruf am: 23.05.2009.

Ziemen, W.; Bäcker, J. (2004): Nicht nur für eine effizientere Kommunikation: Wettbewerbsvorteile durch Marktsegmentierung, in: Praxisletter mailing, 12/2004, S. 4-9.

Hinweis: Die Verlinkungen wurden aus Gründen der Form teilweise am Zeilenende durch ein Leerzeichen getrennt. Bitte beim Aufrufen beachten.